Nina Wilkening

Spielend einfach Grammatik und Rechtschreibung üben

Lernspiele und Vorlagen für den Deutschunterricht in der Sek I

Verlag an der Ruhr

Impressum

Titel
Spielend einfach Grammatik und Rechtschreibung üben
Lernspiele und Vorlagen für den Deutschunterricht in der Sek I

Autorin
Nina Wilkening

Titelbildmotive
Hand: © FotoDuets, Würfel: © Garder Elena, Glühbirne: © MisterStock
Holzstruktur: © Ploipiroon – alle Shutterstock.com

Illustrationen Innenteil
Glühbirne: © MisterStock – Shutterstock.com

Druck
Heenemann GmbH & Co. KG, Berlin, DE

Verlag an der Ruhr
Mülheim an der Ruhr
www.verlagruhr.de

Geeignet für die Klassen 5–7

ISBN 978-3-8346-6488-4

Inhalt

Vorwort

Spielend üben, nachhaltig lernen

Üben ist wichtig, um Neues zu festigen, Altes zu wiederholen und Lernrückstände aufzuholen, und gehört deswegen zu jedem Sprachunterricht dazu. Doch häufig fehlt die Zeit für ausgiebige Übungsphasen und gängige Übungsblätter sind für die Schüler*innen[1] oft wenig motivierend.

In „Zehn Merkmale guten Unterrichts" identifiziert Hilbert Meyer intelligentes Üben als einen zentralen Bestandteil des schulischen Lernens. Üben ist hiernach vor allem dann gewinnbringend, wenn ausreichend oft geübt wird. Die Spiele in diesem Heft sind daher so konzipiert, dass sie jederzeit sofort eingesetzt werden können und meist nicht mehr als eine Viertelstunde in Anspruch nehmen. So können sie leicht dazu beitragen, die Frequenz der Übungsphasen im Unterricht zu erhöhen.

Ungeliebte Grammatik, lästige Rechtschreibung?

Mit dieser Lernspielsammlung erhalten Sie einen abwechslungsreichen Fundus an spielerischen Übungen für Ihren Deutschunterricht. Neben Lernspielen, die häufige Fehlerquellen aus den Bereichen Wortarten (Verben, Nomen, Adjektive) und Satzlehre in den Blick nehmen, sind auch vielfältige Übungen zu Rechtschreibstrategien enthalten. Im Inhaltsverzeichnis ist neben dem Namen des Spiels immer auch das behandelte Rechtschreib- oder Grammatikthema angegeben, sodass Sie sich schnell orientieren können, wenn Sie ein Spiel für Ihre Stunde suchen.

Positiv Gelerntes hält besser

Seit Jahren ist bekannt, dass Emotionen im Lernprozess eine große Rolle spielen: Was mit positiven Gefühlen verbunden ist, wird besser aufgenommen und intensiver gespeichert. Um diese Tatsache zu berücksichtigen, gibt es in diesem Heft zwei Arten von Lernspielen:

- Brett- und Kartenspiele, die durch das gesellige Miteinander eine positive Wirkung entfalten und die Schüler*innen motivieren, ihre Kenntnisse und Fähigkeiten unter Beweis zu stellen,
- Bewegungsspiele, die nicht nur Spaß machen, sondern auch auflockern und dem stundenlangen Sitzen und seinen negativen Folgen für die Gesundheit entgegenwirken.

---

[1] Der Verlag an der Ruhr legt großen Wert auf eine geschlechtergerechte und inklusive Sprache. Daher nutzen wir neutrale Formulierungen oder das Gendersternchen, um alle Menschen unabhängig von Geschlecht oder Geschlechtsidentität einzuschließen. In Texten für Schüler*innen finden sich aus didaktischen Gründen neutrale Begriffe bzw. Doppelformen.

[2] Vgl. Meyer, H.: Was ist guter Unterricht?; Cornelsen Pädagogik: Berlin, 15. Auflage 2016.

Vorwort

Aufbau des Hefts

In den Erklärungen zu den einzelnen Spielen finden Sie neben einer Angabe zum jeweiligen Lernziel auch immer eine Merkregel, die so formuliert ist, dass sie direkt ins Heft übernommen werden kann.

Die Angaben zur Vorbereitung zeigen Ihnen, wie viel Zeit Sie investieren müssen, um das Spiel durchführen zu können, und ob zusätzliche Materialien (z. B. ein Würfel) gebraucht werden. Zum Spiel gehörige Kopiervorlagen finden Sie direkt im Anschluss an die Seite mit der Spielanleitung. In einigen Fällen sind keine Vorbereitungen nötig. Manchmal kann es sinnvoll sein, die Materialien vor dem Einsatz zu laminieren, damit sie mehrfach verwendet werden können.

Damit die Übungen zum individuellen Lernstand der Lerngruppe passen, sind die Spiele leicht differenzierbar. Hierfür erhalten Sie verschiedene Hinweise und Varianten, damit Sie die Spiele auf die Bedürfnisse der Schüler*innen abstimmen können.

Einsatzmöglichkeiten

Die Spiele in diesem Heft sind in mehrfacher Hinsicht variabel einsetzbar. Die Materialien können als Ergänzung zu Unterrichtseinheiten aus dem Deutschbuch, aber auch als eigenständige Einheiten zur Grammatik- oder Rechtschreibwiederholung verwendet werden. Zudem können einzelne Spiele oft auch auf andere Themen übertragen werden.

Neben Spielen, die im Plenum mit der ganzen Klasse gespielt werden, gibt es einige, die innerhalb einer Arbeitsphase in Partner- oder Kleingruppenarbeit eingesetzt werden können. Diese eignen sich darüber hinaus auch für die Wochenplanarbeit oder eine Lerntheke. In vielen Fällen können die Schüler*innen ihre Lösungen sofort selbst kontrollieren, weil die Spielformate eine Selbstkontrolle bieten (z. B. bei Domino-Spielen). Darüber hinaus gibt es Lösungsblätter (S. 63–64). Viele Materialien können im Anschluss an eine Unterrichtseinheit für Freiarbeitsphasen zur Verfügung gestellt werden.

Ich hoffe, dass das Üben von Grammatik und Rechtschreibung mithilfe dieses Hefts für Ihre Schüler*innen kein lästiges Übel, sondern motivierende Abwechslung ist, und wünsche viel Spaß!

Nina Wilkening

Wurfspiel Verbverbindungen

Thema	Rechtschreibung
Fokussierung	Zusammen- und Getrenntschreibung
Lernziel	Die Schüler*innen bestimmen regelgeleitet, ob Verbverbindungen zusammen- oder getrennt geschrieben werden.
Sozialform	Plenum (Sitzkreis)
Material	Kopiervorlagen *Verbverbindungen – Wortkarten* (S. 7/8), Schere, Ball, ggf. Laminiergerät und -folien

Merkhilfe

Folgende Wortverbindungen mit Verben schreibt man **getrennt**:

- Wortverbindungen aus zwei Verben (z. B. „spazieren gehen")
- Verbindungen mit dem Verb „sein" (z. B. „fertig sein")
- Verbindungen aus einem Adjektiv und einem Verb, wenn das Adjektiv
  a) steigerbar ist (z. B. „schnell laufen": schnell → schneller),
  b) auf -ig, -isch, -lich endet (z. B. „übrig bleiben", „spöttisch ansehen")
- Verbindungen aus einem Adverb und einem Verb (z. B. „auswendig lernen")
- Verbindungen aus einem Partizip I oder Partizip II und einem Verb (z. B. „gefangen halten")

Verbindungen aus einer Präposition und einem Verb schreibt man **zusammen** (z. B. „untersuchen", „durchsehen", „nachsprechen").

Vorbereitung

Die Lehrkraft kopiert die Kopiervorlagen, schneidet die Karten aus und stellt einen Ball zur Verfügung. Bei Bedarf können die Karten auch auf DIN-A3-Format vergrößert und/oder laminiert werden.

Spielverlauf

Die Schüler*innen bilden einen Sitzkreis. Jede Person bekommt eine Wortkarte. Wer als Erstes an der Reihe ist, formuliert einen Satz, in dem die Verbverbindung, die auf der Wortkarte steht, vorkommt (z. B.: „Ich möchte spazieren gehen."). Nun wirft er den Ball jemand anderem zu. Diese Person sagt, ob die Verbverbindung zusammen- oder getrennt geschrieben wird. Die Mitschüler*innen kontrollieren die Antwort. Dann formuliert die Person, die an der Reihe war, einen Satz mit der Verbverbindung der eigenen Wortkarte. Das Spiel ist zu Ende, wenn alle Schüler*innen dran waren.

Variante

Man kann das Spiel auch in zwei Gruppen spielen, die sich gegenübersitzen und sich abwechselnd die Bälle zuwerfen. Für jede richtige Antwort bekommt die Gruppe, die die Antwort gibt, einen Punkt.

Verbverbindungen – Wortkarten (1/2)

spazieren gehen	übrig bleiben	still sein	aussprechen
überfahren	anrufen	spöttisch reden	angucken
unabhängig sein	schnell fahren	fertig sein	absichtlich tun
nachfragen	ausgehen	geliebt werden	freundlich grüßen
leise lachen	austeilen	dumm gucken	aufrufen
ständig streiten	mitkommen	wenig ausgeben	still stehen
heimlich tun	fotografiert werden	traurig sein	durchhalten

Verbverbindungen – Wortkarten (2/2)

abkaufen	höflich fragen	gedrückt lassen	gnädig sein
kindisch sein	anbieten	freundlich sein	aufhalten
auswendig lernen	widerrufen	hingehen	fröhlich lachen
anfragen	einstimmig wählen	lieblich singen	auswerten
höhnisch grinsen	köstlich schmecken	durchschauen	billiger sein
überholen	hinbringen	gefangen halten	vormachen
zusammen sein	mitreden	ungläubig ansehen	anbrennen

Gegensätze ziehen sich an!

Thema	Semantik
Fokussierung	Gegensatzpaare
Lernziel	Die Schüler*innen bilden gegensätzliche Verbpaare und erweitern bzw. festigen so ihren Wortschatz.
Sozialform	Plenum
Material	ggf. Kopiervorlage *Gegensätze ziehen sich an!* (S. 10) und Schere

Merkhilfe

Wörter, die das Gegenteil voneinander bezeichnen, werden **Antonyme** genannt.

Vorbereitung

Sollte das Niveau der Lerngruppe es erfordern, kopiert die Lehrkraft die Kopiervorlage und schneidet die Wortkarten aus. Dies bietet sich vor allem bei der Wortschatzarbeit mit DaZ-Lernenden an.

Spielverlauf

Zunächst werden zwei Personen ausgewählt, die das Zimmer verlassen. Die Schüler*innen, die in der Klasse verblieben sind, finden sich nun zu zweit zusammen. Bei einer ungeraden Schülerzahl spielt die Lehrkraft mit. Jedes Paar stellt ein Tätigkeitspaar dar, das gegensätzliche Verben ausdrückt: Person 1 lacht – Person 2 weint, Person 1 schleicht – Person 2 rennt usw. Je nach Lerngruppe und veranschlagter Unterrichtszeit überlegen sich die Schüler*innen selbstständig solche Tätigkeitspaare oder sie ziehen eine der vorbereiteten Wortkarten.

Die beiden draußen Wartenden kommen wieder herein und rufen abwechselnd jeweils zwei Personen auf, die ihre Tätigkeit vormachen. Wird ein zueinander passendes Schülerpaar aufgerufen, stellt es sich hinter die Person, die es erraten hat. Das Spiel endet, wenn alle Schülerpaare gefunden wurden. Gewonnen hat, wer die meisten Paare hinter sich stehen hat.

Variante

Eine einfachere Variante besteht darin, dass die Schülerpaare keine gegensätzlichen Begriffe darstellen, sondern dieselben. Diese Variante kann zur Einführung des Spiels angewendet werden.

Gegensätze ziehen sich an! – Wortkarten

lachen – weinen
schleichen – rennen
stehen – sitzen
einschlafen – aufwachen
kommen – gehen
öffnen – schließen
einsteigen – aussteigen
anziehen – ausziehen
angreifen – verteidigen
bauen – zerstören
schwitzen – frieren
bestätigen – verneinen
senden – empfangen
loslassen – festhalten
lieben – hassen
gewinnen – verlieren
einschalten – ausschalten
hinbringen – abholen
werfen – fangen
drücken – ziehen

Konjugation mit Bewegung

Thema	Konjugation
Fokussierung	Präsens
Lernziel	Die Schüler*innen unterscheiden die Personalformen im Präsens, indem sie Verben mithilfe unterstützender Bewegungen konjugieren.
Sozialform	Plenum
Material	Kopiervorlage *Konjugation mit Bewegung – Wortkarten* (S. 13), Schere, 2 Stühle, ggf. Laminiergerät und -folien

Merkhilfe

Wenn Verben in Sätzen gebraucht werden, muss aus dem Infinitiv (Grundform) die Personalform gebildet werden (gehen – ich gehe). Diese Anpassung wird **Konjugation** genannt.

Vorbereitung

Die Lehrkraft kopiert die Kopiervorlage 2-mal und schneidet die Karten aus. Bei Bedarf können die Karten auf DIN-A3-Format vergrößert und/oder laminiert werden. Die Stapel werden jeweils gut durchgemischt und auf zwei Stühlen abgelegt. Für die Durchführung des Bewegungsspiels sollte ausreichend Platz zur Verfügung stehen. Die Lehrkraft übt die unten stehenden Gesten ein oder überlegt sich eigene.

ich (Schüler*in zeigt auf sich)

du (Schüler*in zeigt auf eine*n Mitschüler*in)

er, sie, es (Schüler*in zeigt mit einer Hand auf mehrere Mitschüler*in)

wir (Schüler*in zeigt mit beiden Händen auf sich)

ihr (Schüler*in zeigt mit beiden Händen auf Mitschüler*innen)

sie (Schüler*in zeigt mit beiden Händen auf mehrere Mitschüler*innen)

Illustrationen: Petra Lefin

Verben

Spielverlauf

Zur Einübung führt die Lehrkraft die Bewegungen an einem Beispielverb vor. Dabei zeigt die Lehrkraft beispielsweise auf sich und sagt „ich esse" oder sie zeigt auf eine*n Schüler*in und sagt „du isst". Zusammen werden verschiedene Verben konjugiert, indem Lehrkraft und Lerngruppe die Bewegungen gemeinsam ausführen und laut mitsprechen.

Sobald sich alle die Bewegungen eingeprägt haben, finden sich die Schüler*innen in zwei Gruppen zusammen und stellen sich in zwei Reihen auf. Die Lehrkraft positioniert sich ca. 5 m entfernt von den Schüler*innen. Links und rechts von ihr steht jeweils ein Stuhl, auf dem ein Stapel mit Wortkarten bereitliegt.

Die Lehrkraft macht eine der Gesten und aus jeder Reihe läuft ein*e Schüler*in nach vorn, um sich eine Karte vom Stapel zu ziehen. Zurück am Platz nennt er*sie das Verb in der korrekten Personalform. Ist die Antwort richtig, bekommt die Gruppe einen Punkt. Ist sie falsch, hat der Rest der Gruppe eine Chance, die richtige Lösung zu nennen. Hierfür gibt es einen halben Punkt. Das Spiel endet, sobald die Stapel leer sind.

Hinweise

- Da die Stapel gemischt sind, erhalten die Gruppen im selben Durchgang unterschiedliche Wörter. So kommt es bei diesem Spiel nicht auf die Schnelligkeit der Läufer*innen an.
- Die Gesten aus diesem Spiel können auch im Spiel „Verbentreffen Präteritum" angewandt werden. Sie sind zudem jederzeit als Unterstützung in der Einzelarbeit einsetzbar.
- Die Wortkarten enthalten sowohl starke als auch schwache Verben. Je nach Lernstand der Schüler*innen können einzelne Karten aussortiert werden. Auf den Blanko-Karten können eigene Wörter ergänzt werden, wenn beispielsweise im Unterricht bestimmte Wörter als häufige Fehlerquellen identifiziert wurden.

Petra Lefin

Konjugation mit Bewegung – Wortkarten

essen	geben	nehmen	helfen
messen	sprechen	stechen	treffen
vergessen	werfen	sehen	befehlen
lesen	fahren	graben	halten
lassen	schlafen	tragen	wachsen
waschen	laufen	haben	sein
werden	wissen	kaufen	lernen
machen	arbeiten	heißen	sammeln

Verbentreffen Präteritum

Thema	Konjugation
Fokussierung	Präteritum (schwache Verben)
Lernziel	Die Schüler*innen bilden von verschiedenen schwachen Verben die Formen im Präteritum.
Sozialform	Plenum
Material	Kopiervorlagen *Verbentreffen Präteritum – Personalformkarten* (S. 15) und *Verbentreffen Präteritum – Verbenkarten* (S. 16), Schere, Klingel/Rassel o. Ä., ggf. Kopiervorlage *Verbentreffen Präteritum – alle Tempora – Personalformkarten* (S. 17), ggf. Laminiergerät und -folien

Merkhilfe

Die Formen des Präteritums bildet man, indem an den Wortstamm die folgenden Endungen angehängt werden:

	Singular		**Plural**	
1. Person	-te	*ich machte*	-ten	*wir machten*
2. Person	-test	*du machtest*	-tet	*ihr machtet*
3. Person	-te	*er/sie/es machte*	-ten	*sie machten*

Wörter, bei denen man das Präteritum auf diese Weise bildet, nennt man **schwache Verben**.

Vorbereitung

Die Kopiervorlagen werden einmal kopiert und die Karten ausgeschnitten. Bei Bedarf können die Karten auf DIN-A3-Format vergrößert und/oder laminiert werden. Die Lehrkraft stellt ein akustisches Signal (z. B. Klingel oder Rassel) bereit.

Spielverlauf

Jede*r Schüler*in erhält zwei Karten: eine Verbkarte und eine Personalformkarte. Die Schüler*innen laufen durch den Raum. Sobald die Lehrkraft das akustische Signal gibt, finden sie sich zu Paaren zusammen. Sie zeigen sich gegenseitig ihre Personalformkarten und bilden mit ihren Verben die passenden konjugierten Formen.

Beispiel:
Fatma hat die Personalkarte „3. Person Singular Präteritum" und die Verbkarte „sagen".
Alex hat die Personalkarte „1. Person Plural Präteritum" und die Verbkarte „lachen".
→ Sie bilden die Formen „er/sie/es lachte" und „wir sagten".

Variante

Wenn alle Zeiten eingeführt und geübt worden sind, kann das Spiel auf alle Tempora erweitert werden. Nutzen Sie dafür die Kopiervorlage *Verbentreffen Präteritum – alle Tempora – Personalformkarten*. Der Spielablauf bleibt identisch.

Verbentreffen Präteritum – Personalformkarten

1. Person Singular Präteritum	2. Person Singular Präteritum	3. Person Singular Präteritum	1. Person Plural Präteritum
2. Person Plural Präteritum	3. Person Plural Präteritum	1. Person Singular Präteritum	2. Person Singular Präteritum
3. Person Singular Präteritum	1. Person Plural Präteritum	2. Person Plural Präteritum	3. Person Plural Präteritum
1. Person Singular Präteritum	2. Person Singular Präteritum	3. Person Singular Präteritum	1. Person Plural Präteritum
2. Person Plural Präteritum	3. Person Plural Präteritum	1. Person Singular Präteritum	2. Person Singular Präteritum
3. Person Singular Präteritum	1. Person Plural Präteritum	2. Person Plural Präteritum	3. Person Plural Präteritum
1. Person Singular Präteritum	2. Person Singular Präteritum	3. Person Singular Präteritum	1. Person Plural Präteritum
2. Person Plural Präteritum	3. Person Plural Präteritum	1. Person Singular Präteritum	2. Person Singular Präteritum
3. Person Singular Präteritum	1. Person Plural Präteritum	2. Person Plural Präteritum	3. Person Plural Präteritum

Verbentreffen Präteritum – Verbkarten

lachen	machen	sagen	fragen
hören	malen	schaffen	rechnen
hoffen	tanzen	grüßen	telefonieren
spielen	schicken	klatschen	verreisen
zeichnen	arbeiten	krachen	hüpfen
stampfen	rutschen	stolpern	legen
tauchen	tauschen	tasten	stapeln
bauen	schauen	suchen	brummen
erklären	antworten	küssen	verstecken

Verbentreffen Präteritum – Personalformkarten (alle Tempora)

1. Person Singular Präsens	2. Person Singular Präsens	3. Person Singular Präsens	1. Person Plural Präsens
2. Person Plural Präsens	3. Person Plural Präsens	1. Person Singular Präteritum	2. Person Singular Präteritum
3. Person Singular Präteritum	1. Person Plural Präteritum	2. Person Plural Präteritum	3. Person Plural Präteritum
1. Person Singular Perfekt	2. Person Singular Perfekt	3. Person Singular Perfekt	1. Person Plural Perfekt
2. Person Plural Perfekt	3. Person Plural Perfekt	1. Person Singular Futur	2. Person Singular Futur
3. Person Singular Futur	1. Person Plural Futur	2. Person Plural Futur	3. Person Plural Futur
1. Person Singular Plusquamperfekt	2. Person Singular Plusquamperfekt	3. Person Singular Plusquamperfekt	1. Person Plural Plusquamperfekt
2. Person Plural Plusquamperfekt	3. Person Plural Plusquamperfekt	1. Person Singular Perfekt	2. Person Singular Futur
3. Person Singular Präsens	1. Person Plural Präteritum	2. Person Plural Perfekt	3. Person Plural Futur

Präteritum-Domino

Thema Konjugation

Fokussierung Präteritum (starke Verben)

Lernziel Die Schüler*innen ordnen die Formen des Präteritums verschiedener starker Verben den entsprechenden Formen im Präsens zu.

Sozialform Einzel-, Partner- oder Gruppenarbeit

Material Kopiervorlage *Präteritum-Domino – Spielkarten* (S. 19), Schere, ggf. Laminiergerät und -folien

Merkhilfe

Manche Verben bilden die Form im Präteritum nicht mit dem Wortstamm und den Endungen des Präteritums. Sie haben besondere Formen, die man auswendig lernen muss. Man nennt sie **starke Verben**.

Vorbereitung

Die Kopiervorlage wird einmal pro Schüler*in oder Gruppe kopiert, auseinandergeschnitten und bei Bedarf laminiert.

Spielverlauf

Variante A:
Einzelarbeit/Partnerarbeit
Alle Karten werden auf den Tisch gelegt. Mit der „Start"-Karte wird begonnen. Danach suchen die Schüler*innen abwechselnd die jeweils passende Anschlusskarte, bis alle Karten in einer Reihe liegen.

Variante B:
Gruppenarbeit (drei bis fünf Schüler*innen)
Die Karten werden gleichmäßig an die Schüler*innen verteilt. Die „Start"-Karte wird als erste abgelegt. Danach legen die Schüler*innen die jeweiligen Anschlusskarten ab. Gewonnen hat, wer zuerst alle Karten von der Hand abgelegt hat.

Hinweise

- **Variante A** eignet sich vor allem für die Wochenplanarbeit oder als quantitative Differenzierung.
- **Variante B** kann im regulären Unterricht, innerhalb einer Lerntheke oder während der Wochenplanarbeit eingesetzt werden.
- Um das Spiel spannender zu machen, kann vereinbart werden, dass nach der dritten Runde jede*r Schüler*in eine Karte von der Person rechts neben sich ziehen darf. So werden die Karten „neu gemischt" und es steht nicht von vornherein fest, wer die letzte Karte ablegen wird.

Präteritum-Domino – Spielkarten

START	ich gehe	ich ging	du nimmst
du nahmst	sie geben	sie gaben	ich rufe
ich rief	wir nehmen	wir nahmen	er singt
er sang	sie waschen	sie wuschen	sie gewinnt
sie gewann	ihr sitzt	ihr saßt	er tritt
er trat	wir schneiden	wir schnitten	du stehst
du standest	er lügt	er log	sie treffen
sie trafen	sie verliert	sie verlor	wir reiten
wir ritten	ihr bittet	ihr batet	sie schleichen
sie schlichen	ich gieße	ich goss	ENDE

Nominalisierte Verben würfeln

Thema	Wortbildung und Rechtschreibung
Fokussierung	Nomen aus Verben bilden, Groß- und Kleinschreibung
Lernziel	Die Schüler*innen bilden Sätze mit nominalisierten Verben, indem sie Präpositionen bzw. Artikel würfeln und Verben ziehen.
Sozialform	Kleingruppenarbeit
Material	Kopiervorlagen *Nominalisierte Verben würfeln – Würfelvorlage* (S. 21) und *Nominalisierte Verben würfeln – Wortkarten* (S. 22), Schere, Klebstoff, ggf. Laminiergerät und -folien

Merkhilfe

Verben werden dann großgeschrieben, wenn sie wie ein Nomen gebraucht (nominalisiert) werden. Man erkennt ein nominalisiertes Verb daran,
- dass ein Artikel davorsteht („das Baden"),
- dass eine Präposition davorsteht („durch Haltbarmachen").

Der Artikel verschmilzt dabei mit den Präpositionen „zu", „in", „an" und „bei" (also z. B.: „zum Backen", „beim Angeln").

Vorbereitung

Die Lehrkraft kopiert pro Spielgruppe einmal die Kopiervorlagen, schneidet die Karten und die Würfelvorlage aus und klebt den Würfel zusammen. Bei Bedarf können die Wortkarten laminiert werden.

Spielverlauf

Die Karten werden als Stapel mit der beschrifteten Seite nach unten aufeinandergelegt. Die Person, die zuerst an der Reihe ist, würfelt und zieht eine Karte. Sie bildet einen Satz, in dem die gewürfelte Präposition oder der gewürfelte Artikel vor dem gezogenen Verb steht. Die anderen Schüler*innen überprüfen, ob die Person es richtig gemacht hat. Im Anschluss schreiben alle den Satz ins Heft und achten dabei auf die Groß- und Kleinschreibung. Dann ist die nächste Person an der Reihe.

Hinweise

- Es empfiehlt sich, die Sätze zur Sicherung im Plenum zu besprechen und das großgeschriebene Verb zu benennen.
- Das Spiel eignet sich auch als Aufgabe im Wochenplan. Jede*r Schüler*in erhält dann eine eigene Würfelvorlage zum Basteln und einen Satz Wortkarten.

Nominalisierte Verben würfeln – Würfelvorlage

1. Schneide den Würfel aus.
   Optional: Klebe ihn auf Tonpapier, damit er stabiler wird.
2. Knicke die Klebestreifen um und klebe den Würfel zusammen.

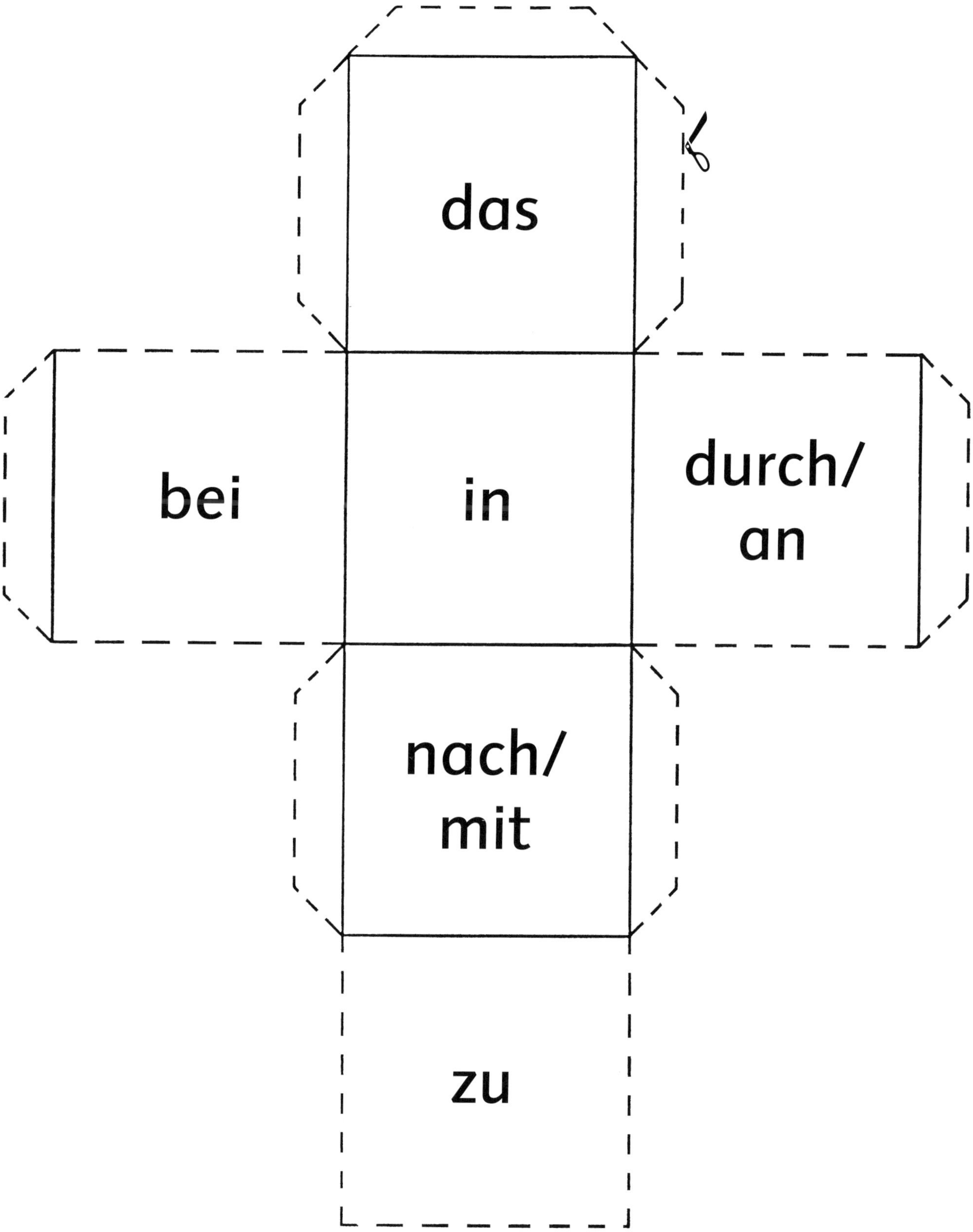

Nominalisierte Verben würfeln – Wortkarten

baden	laufen	aufstehen	einkaufen
schlafen	reden	verreisen	abwaschen
musizieren	nachdenken	spielen	singen
lesen	essen	trinken	spazieren
reiten	malen	lernen	fahren
schreiben	kochen	klettern	träumen
naschen	surfen	suchen	abschreiben
fernsehen	duschen	schwimmen	wandern
sitzen	stehen	frühstücken	weggehen
telefonieren	heulen	lachen	klingeln

Teekesselchen

Thema	Rechtschreibung und Semantik
Fokussierung	Gleich und ähnlich klingende Wörter und ihre Bedeutungen
Lernziel	Die Schüler*innen unterscheiden gleich oder ähnlich klingende Wörter und erklären ihre jeweilige Bedeutung.
Sozialform	Plenum
Material	Kopiervorlage *Teekesselchen – Wortkarten* (S. 24), ggf. Kopiervorlage *Teekesselchen – Zuordnungsspiel* (S. 25), Schere, ggf. Laminiergerät und -folien

Merkhilfe

Die Schreibung von ähnlich oder gleich klingenden Wörtern („Teekesselchen") mit unterschiedlicher Bedeutung kann man nur aus dem Zusammenhang erkennen, in dem die Wörter gebraucht werden.

Vorbereitung

Die Lehrkraft entscheidet je nach Lerngruppe, ob sie beide Kartensätze oder nur einen Kartensatz wählt. Die Karten werden einmal kopiert und ausgeschnitten. Bei Bedarf können sie laminiert werden.

Spielverlauf

Die Lehrkraft zeigt zwei Schüler*innen eine Begriffskarte. Die Schüler*innen sprechen sich ggf. kurz ab und erklären dann abwechselnd ihren Teekesselchen-Begriff, beispielsweise so: „Mein Teekesselchen hat …" Die anderen Schüler*innen versuchen, den Begriff zu erraten. Wer den Begriff genannt hat, darf mit einem*einer Wunschpartner*in das nächste Teekesselchen erklären.

Hinweise

- Differenzierung: Es können beide oder nur ein Kartensatz gewählt werden, je nach gewünschtem Schwierigkeitsgrad.
- Als Zusatzaufgabe können die Schüler*innen mit den Wörtern auf den Karten Sätze bilden und so die unterschiedlichen Bedeutungen deutlich machen.
- Eine weitere Aufgabe zum Knobeln bietet die Kopiervorlage *Teekesselchen – Zuordnungsspiel*, die zum vertiefenden Üben in Einzel- oder Partnerarbeit bearbeitet werden kann. Zur Kontrolle kann die Lösung (siehe S. 63) ausgelegt werden.

Variante

Das Spiel kann auch in Gruppen zu vier bis sechs Personen gespielt werden, wobei immer zwei Schüler*innen ein Team bilden: Die Karten liegen verdeckt auf einem Stapel. Das erste Team zieht eine Karte, liest leise den Teekesselchen-Begriff und versucht, ihn den anderen zu erklären. Das Team, das den Begriff errät, bekommt die Karte und darf als nächstes eine Karte ziehen. Gewonnen hat das Team mit den meisten Karten.

Teekesselchen – Wortkarten

Gleich klingende Wörter mit gleicher Schreibweise:

Ton	Note	Tor	Kiefer
Linse	Tau	Löwenzahn	Schimmel
Schuppen	Löffel	Preis	Bank
Birne	Fach	Bruch	Gericht

Gleich und ähnlich klingende Wörter mit unterschiedlicher Schreibweise:

Lied Lid	Verse Ferse	Waise weise	heute Häute
Wal Wahl	Rat Rad	Stiel Stil	Miene Mine
malen mahlen	Kälte Kelte	lehren leeren	Saite Seite
Gebäck Gepäck	Bräute Beute	Menge Mängel	arm Arm

Teekesselchen – Zuordnungsspiel

Verbinde die Teekesselchen-Erklärungen und schreibe das gesuchte Teekesselchen-Wort dazu.

bestimmte Hunderasse	Würstchensorte
Brötchen, das mit einer Frikadelle belegt ist (Fastfood)	Veranstaltung, bei der getanzt wird
Bewohner der Hauptstadt von Österreich	Eulenart
Elternteil	Insekt, das oft im Haus fliegt
Gebäck, das mit weißem Zuckerguss oder Schokolade überzogen ist	Teil einer Schraube
Computerzubehör	mit Marmelade gefüllter Krapfen
Teil des Waschbeckens	sportlicher Mensch, der in einem Ring kämpft
kugelförmiges Spiel- und Sportgerät	Bewohner einer norddeutschen Großstadt
kleines Pferd	kleines Tier, das häufig von Katzen gefressen wird
Klebstoffmarke	männliches Huhn
Bewohner der deutschen Hauptstadt	Teil einer Frisur
als Schleife gebundene Krawatte	Bewohner eines bestimmten Kontinents

Nomen

Besondere Endungen

Thema	Wortbildung
Fokussierung	Nomen bilden
Lernziel	Die Schüler*innen bilden Nomen mithilfe von Suffixen.
Sozialform	Plenum
Material	Kopiervorlagen *Besondere Endungen A/B* (S. 27) und *Besondere Endungen – Wortkarten* (S. 28), Schere, kleines Gefäß/Beutel, ggf. Laminiergerät und -folien

Merkhilfe

Hängt man an ein Wort oder den Wortstamm Endungen wie „-heit", „-keit", „-nis", „-ung", „-schaft", „-tum", „-sal", oder „-ling", erhält man Nomen.

Vorbereitung

Die Lehrkraft kopiert die Kopiervorlage *Besondere Endungen – Wortkarten* einmal, schneidet die Karten aus und sammelt sie in einem kleinen Gefäß oder Beutel. Bei Bedarf können die Karten laminiert werden. Die Lehrkraft kopiert die Kopiervorlage *Besondere Endungen A/B* für je zwei Schüler*innen.

Spielverlauf

Die Lehrkraft zieht ein Wort aus dem Gefäß bzw. Beutel und liest es laut vor. Die Schüler*innen bilden aus dem genannten Wort ein Nomen mit einer der Endungen auf ihrem Arbeitsblatt und notieren es darauf im entsprechenden Feld. Je nach Lerngruppe sollte das Prinzip ggf. durch ein Beispielwort demonstriert werden.

Beispiel: Die Lehrkraft zieht die Karte mit dem Wort „krank". Die Schüler*innen bilden „Krankheit" oder „Erkrankung" und tragen es auf dem Arbeitsblatt ein. (Zu jedem vorgegebenen Wort darf immer nur ein gebildetes Wort aufgeschrieben werden, auch wenn den Schüler*innen mehrere Möglichkeiten einfallen.)

Hinweise

- Das Spiel kann entweder wie bei einem klassischen Bingo-Spiel so gespielt werden, dass der*die erste Schüler*in, der*die drei Wörter in einer Reihe gefunden hat, gewinnt. Alternativ endet das Spiel, wenn ein*e Schüler*in alle Felder gefüllt hat. Das JOKER-Feld gilt jeweils automatisch als gefundenes Wort.
- Nach Ende des Spiels kann es sinnvoll sein, alle Wörter an der Tafel in einer Tabelle zu sammeln und die Schüler*innen weitere Wörter ergänzen zu lassen:

-heit	-keit	-nis	-ung	-schaft	-tum	-sal	-ling
...							

- Eine Übersicht über mögliche Wörter finden Sie in den Lösungen (S. 63).

Besondere Endungen – Spielfeld (A)

Hängt man an ein Wort oder einen Wortstamm bestimmte Endungen an, erhält man Nomen. Bilde aus den genannten Nomen, Verben und Adjektiven mit den Endungen in der Tabelle neue Nomen und trage sie in die Tabelle ein.

-heit	-keit	-nis ....
-ung	**JOKER**	-schaft ....
-tum	-sal	-ling ....

Besondere Endungen – Spielfeld (B)

Hängt man an ein Wort oder einen Wortstamm bestimmte Endungen an, erhält man Nomen. Bilde aus den genannten Nomen, Verben und Adjektiven mit den Endungen in der Tabelle neue Nomen und trage sie in die Tabelle ein.

-keit	-tum	-nis ....
-ling	**JOKER**	-heit ....
-ung	-schaft	-sal ....

Besondere Endungen – Wortkarten

trüb	reich	schicken
wohnen	gesund	fröhlich
lieben	sparsam	eigen
finden	krank	ersparen
leiden	wagen	verbessern
einsam	Meister	behindern
Helden	rein	verstehen
fies	Mühe	

Was gehört zusammen?

Thema	Deklination
Fokussierung	Genitiv
Lernziel	Um Formen des Genitivs zu bilden, finden die Schüler*innen zusammenpassende Wörter und formulieren Sätze mit Genitivattribut oder Präpositionalphrase.
Sozialform	Partnerarbeit oder Kleingruppenarbeit
Material	Kopiervorlage *Was gehört zusammen? – Wortkarten* (S. 30), Schere, ggf. Laminiergerät und -folien

Merkhilfe

Der Genitiv (2. Fall) zeigt an, zu wem etwas gehört oder wer etwas besitzt. Die Bildung des Genitivs erfolgt so:

- Bei **maskulinen und neutralen Nomen** wird im Singular „-s" oder „-es" angehängt: (z. B.: „der Tag" → „das Gericht des Tages", „der Platz" → „die Mitte des Platzes").
- **Feminine Nomen** erhalten im Singular keine Endung. Es ändert sich nur der Artikel (z. B.: „die Frau" → „das Buch der Frau").
- Bei **Eigennamen** wird ein „-s" angefügt und der Name vor das Bezugswort gesetzt (z. B.: „Lisas Rucksack"). Endet der Eigenname auf „-s", „-x" oder „-z", wird ein Apostroph gesetzt, um den Genitiv anzuzeigen (z. B.: „Lukas' Fahrrad").

Der Genitiv folgt zudem auf einige **Präpositionen** wie „wegen", „während" oder „trotz".

Vorbereitung

Die Lehrkraft kopiert die Kopiervorlage für jedes Paar oder jede Kleingruppe einmal und schneidet die Kärtchen aus. Bei Bedarf können die Karten auf DIN-A3-Format vergrößert und/oder laminiert werden.

Spielverlauf

Das Spiel wird nach dem Prinzip eines Memo-Spiels gespielt. Der*die erste Schüler*in deckt zwei Karten auf. Wenn diese zusammenpassen, also das gleiche Bild zeigen, überlegt er*sie, wie die Begriffe sinnvoll zusammenhängen könnten, formuliert einen Satz mit der korrekten Phrase (z. B.: „Die Tür des Hauses ist rot.", „Wir gingen trotz des Gewitters in den Pool.") und legt die Karten auf einen Stapel. Die Phrase wird von allen Schüler*innen der Gruppe im Heft oder auf einem Blatt notiert. Der*die Schüler*in darf dann noch einmal zwei Karten aufdecken. Wenn die Karten nicht zusammenpassen, ist die nächste Person an der Reihe. Das Spiel endet, wenn alle Wortpaare gefunden wurden.

Variante

Die Schüler*innen können auch Phrasen bilden, ohne auf die Bilder zu achten, und diese notieren. Hierbei könnten amüsante Verbindungen entstehen; es kann jedoch auch passieren, dass am Ende nur Präpositionen oder Eigennamen übrig bleiben.

Was gehört zusammen? – Wortkarten

trotz 	das Gewitter 	die Tür 	das Haus 
das Segel 	das Boot 	das Fahrrad 	Moritz 
der Rucksack 	die Frau 	der Erfinder 	das Fernrohr 
während 	der Urlaub 	das Geräusch 	der Wecker 
der Mittelpunkt 	die Welt 	der Koffer 	Max 
die Kamera 	Yasemin 	das Zelt 	die Familie 
wegen 	die Hitze 	der Geschmack 	der Kuchen 

Stille Post mit neuen Regeln

Thema	Deklination
Fokussierung	Akkusativ und Dativ
Lernziel	Die Schüler*innen bilden Dativ- und Akkusativformen.
Sozialform	Kleingruppen à 3 Personen
Material	1 Blatt Papier pro Schüler*in

Merkhilfe

Auf die Frage „**Wem?**" erhält man als Antwort ein Nomen im **Dativ**, auf die Frage „**Wen oder was?**" ein Nomen im **Akkusativ**.

Beispiel: Tina gibt dem Hund einen Knochen.
→ **Wem** gibt Tina einen Knochen? Dem Hund (Dativ).
→ **Wen oder was** gibt Tina dem Hund? Einen Knochen (Akkusativ).

Spielverlauf

Die Schüler*innen finden sich in 3er-Gruppen zusammen. Jede Person bekommt ein leeres Blatt Papier und schreibt einen Satzanfang (z. B.: „Vera gibt") auf. Danach faltet sie das Blatt so, dass der Satzanfang auf der Rückseite steht, und gibt das Blatt an die Person links neben sich weiter. Nun schreiben alle Schüler*innen ein Dativ-Objekt auf (z. B.: „ihrer Mutter"), falten das Blatt nach hinten und geben es weiter. Als Letztes wird ein Akkusativ-Objekt aufgeschrieben (z. B.: „ein Geschenk"), das Blatt erneut gefaltet und weitergegeben. Die Person, die den Satz begonnen hat, liest nun den kompletten Satz laut vor. Dabei können natürlich auch semantisch unlogische Sätze entstehen.

Variante

Das Spiel kann auch wie „Stille Post" mündlich gespielt werden. Die erste Person flüstert der Person links neben sich einen Namen und eine Verbform ins Ohr (z. B.: „Raoul bringt"). Die zweite Person ergänzt den Satz um das Dativ-Objekt (z. B.: „Raoul bringt mir") und flüstert ihn der nächsten Person ins Ohr. Diese Person vollendet den Satz, indem sie ein Akkusativ-Objekt anhängt und den vollständigen Satz wiederum der Person links von sich ins Ohr flüstert (z. B.: „Raoul bringt mir das Buch".). Der vollständige Satz wird weitergeflüstert bis zur letzten Person in der Kette, die ihn laut sagt. Die nächste Runde beginnt bei der zweiten Person.

Hinweis

Es kann sinnvoll sein, Satzanfänge oder Verben vorzugeben und auf der (digitalen) Tafel zu präsentieren. Geeignete Verben sind: geben, bringen, empfehlen, erklären, erzählen, glauben, kaufen, leihen, schenken, schicken, senden, stehlen, verbieten, wünschen, zeigen.

Verbindungen mit Adjektiven

Thema	Rechtschreibung
Fokussierung	Zusammen- und Getrenntschreibung
Lernziel	Die Schüler*innen bestimmen regelgeleitet, welche Verbindungen mit Adjektiven zusammen- und welche getrennt geschrieben werden.
Sozialform	Partner- oder Kleingruppenarbeit
Material	Kopiervorlagen *Verbindungen mit Adjektiven – Wortkarten* (S. 33/34), Schere, Klebstoff

Merkhilfe

Zusammengeschrieben werden:
- Verbindungen aus Adjektiv + Adjektiv oder Nomen + Adjektiv, wenn dadurch ein neuer Begriff entsteht (z. B. „nasskalt", „riesengroß")
- Verbindungen aus Verbstamm + Adjektiv (z. B. „bettelarm")

Getrennt geschrieben werden:
- Verbindungen aus Adjektiv + Partizip I/Partizip II (z. B. „nahe liegend", „schlecht gelaunt").

Vorbereitung

Die Lehrkraft kopiert pro Spielgruppe einmal die Spielkarten, schneidet sie auseinander (Achtung: Je zwei Karten gehören zusammen) und klebt die Karten so zusammen, dass sie eine Vorderseite und eine Rückseite haben.

Spielverlauf

Alle Karten werden mit der Vorderseite (d. h. mit der Seite, die die Fragezeichen enthält) nach oben auf dem Tisch verteilt. Ein*e Schüler*in beginnt und wählt eine Karte aus, formuliert einen Satz (z. B.: „Der Park ist riesengroß.") und sagt, ob man die Adjektivverbindung zusammen- oder getrennt schreibt. Anschließend dreht er*sie die Karte um und kontrolliert die Schreibweise. Der*die Schüler*in darf die Karte behalten, wenn die vermutete Schreibweise richtig war. Ansonsten wird die Karte zur Seite auf einen Stapel gelegt. Danach wählt die nächste Person eine Karte aus. Liegt keine Karte mehr auf dem Tisch, werden die gestapelten Karten mit den Wörtern, deren Schreibweise zunächst falsch angegeben wurde, gemischt und erneut ausgelegt. Das Spiel ist beendet, wenn erneut keine Karten mehr auf dem Tisch liegen. Wer die meisten Karten gesammelt hat, gewinnt.

Hinweise

- Es kann sinnvoll sein, die Sätze für eine gemeinsame Sicherung aufschreiben zu lassen.
- Die Karten können zu Beginn des Spiels auch gestapelt werden. Dann können Karten, bei denen die Schüler*innen die Schreibweise falsch angegeben haben, wieder in den Stapel gesteckt werden.

Verbindungen mit Adjektiven – Wortkarten (1/2)

nass + kalt = ?	nasskalt	Riese + groß = ?	riesengroß	Haus + hoch = ?	haushoch
feucht + warm = ?	feuchtwarm	Elle + lang = ?	ellenlang	Pudel + wohl = ?	pudelwohl
betteln + arm = ?	bettelarm	Samt + weich = ?	samtweich	Feuer + rot = ?	feuerrot
Tod + müde = ?	todmüde	Flieder + blau = ?	fliederblau	Sonne + gelb = ?	sonnengelb
alt + klug = ?	altklug	Hund + müde = ?	hundemüde	Eis + kalt = ?	eiskalt
gelb + grün = ?	gelbgrün	Hand + zahm = ?	handzahm	Stein + reich = ?	steinreich
Spiegel + glatt = ?	spiegelglatt	kuscheln + weich = ?	kuschelweich	Tau + frisch = ?	taufrisch
Nagel + neu = ?	nagelneu	Rabe + schwarz = ?	rabenschwarz	Leben + froh = ?	lebensfroh

Verbindungen mit Adjektiven – Wortkarten (2/2)

Gold + gelb = ?	goldgelb	Aal + glatt = ?	aalglatt	Rose + rot = ?	rosenrot
pflegen + leicht = ?	pflegeleicht	glühend + heiß = ?	glühend heiß	Blitz + blank = ?	blitzblank
strahlend + blau = ?	strahlend blau	leuchtend + hell = ?	leuchtend hell	triefend + nass = ?	triefend nass
strahlend + schön = ?	strahlend schön	ernst + gemeint = ?	ernst gemeint	schlecht + gelaunt = ?	schlecht gelaunt
bibbernd + kalt = ?	bibbernd kalt	gut + gemacht = ?	gut gemacht	heiß + begehrt = ?	heiß begehrt
heiß + geliebt = ?	heiß geliebt	dunkel + rot = ?	dunkelrot	jung + geblie-ben = ?	jung geblieben
lang + ersehnt = ?	lang ersehnt	frisch + gestri-chen = ?	frisch gestrichen	neu + gekauft = ?	neu gekauft
gut + gemeint = ?	gut gemeint	Kilometer + lang = ?	kilometerlang	lang + gesucht = ?	lang gesucht

Rate mal!

Thema Semantik

Fokussierung Mit Adjektiven beschreiben

Lernziel Die Schüler*innen beschreiben Gegenstände ausschließlich mit Adjektiven und erweitern bzw. festigen so ihren Wortschatz.

Sozialform Partnerarbeit

Material Kopiervorlage *Rate mal!* (S. 36)

Merkhilfe

Ein Adjektiv gibt an, wie eine Sache ist. Es wird auch **Eigenschaftswort** genannt.

Vorbereitung

Die Lehrkraft kopiert eine Kopiervorlage pro Paar.

Spielverlauf

Jedes Paar erhält die Kopiervorlage. Sie wird in der Mitte gefaltet, sodass jede Person nur ihre Seite sehen kann. Abwechselnd beschreiben die Schüler*innen mündlich je eine Sache, die auf ihrem Teil des Blattes steht. Sie dürfen zur Beschreibung nur Adjektive verwenden. Der*die Partner*in versucht, den Gegenstand zu erraten.

Beispiel: „Mein Gegenstand ist groß, rechteckig, grün oder weiß, manchmal dreckig."
→ die Tafel

Das Spiel kann sowohl mit als auch ohne Punktevergabe gespielt werden. Wenn Punkte gezählt werden, gewinnt die Person, die die meisten Gegenstände erraten hat.

Petra Lefin

Rate mal! – Spielkarte (A)

Beschreibe diese Gegenstände.
Verwende zur Beschreibung nur Adjektive.
Beispiel: „Mein Gegenstand ist groß, rechteckig, grün oder weiß, manchmal dreckig."
→ die Tafel

das Herz | der Baum | der Apfel

die Ampel | das Fenster | die Maus

der Schnee | der Käse | die Tomate

Bitte hier knicken

Rate mal! – Spielkarte (B)

Beschreibe diese Gegenstände.
Verwende zur Beschreibung nur Adjektive.
Beispiel: „Mein Gegenstand ist groß, rechteckig, grün oder weiß, manchmal dreckig."
→ die Tafel

die Banane | das Meer | die Zitrone

die Rose | die Milch | die Sonne

das Auto | der Elefant | das Ei

Wer ist so wie ich?

Thema Semantik

Fokussierung Mit Adjektiven beschreiben

Lernziel Die Schüler*innen benennen Dinge, die durch ein bestimmtes Adjektiv beschrieben werden können.

Sozialform Plenum

Material ein kleiner Zettel und ein Klebestreifen pro Schüler*in

Merkhilfe

Ein Adjektiv gibt an, wie eine Sache ist. Es wird auch **Eigenschaftswort** genannt.

Spielverlauf

Jede*r Schüler*in schreibt verdeckt auf einen kleinen Zettel ein Adjektiv und klebt den Zettel einer anderen Person mit einem Klebestreifen an die Stirn. Alle laufen nun im Klassenzimmer herum, finden eine*n Partner*in und befragen sich gegenseitig: „Wer ist so wie ich?" Beim Adjektiv „rot" kann die Antwort beispielsweise lauten: „Ein Herz ist so wie du." Dann wird ein*e neue*r Partner*in gesucht. Meint jemand, zu wissen, welches Adjektiv er*sie darstellt, darf die Person fragen: „Bin ich …?" Hat die Person das Adjektiv erraten, nimmt sie die Karte ab und setzt sich auf ihren Platz. Das Spiel ist beendet, wenn alle Schüler*innen ihre Adjektive erraten haben und wieder auf ihren Plätzen sitzen.

Hinweis

Die Adjektive können auch schon vorbereitet werden:

groß	klein	dick	dünn
leise	laut	langsam	schnell
fröhlich	traurig	nett	böse
jung	alt	hell	dunkel
kalt	heiß	witzig	fleißig
hübsch	berühmt	teuer	billig
freundlich	unfreundlich	gigantisch	reich
blau	gelb	aufregend	langweilig

Endungen würfeln

Thema Wortbildung

Fokussierung Adjektivendungen

Lernziel Die Schüler*innen setzen Wortteile von Adjektiven und deren Endung zusammen und lernen so, Adjektive anhand der Endung zu erkennen.

Sozialform Partner- oder Gruppenarbeit

Material Kopiervorlagen *Endungen würfeln – Würfelvorlage* (S. 39) und *Endungen würfeln – Spielfeld* (S. 40), Buntstifte, ggf. Tonpapier und Klebstoff

Merkhilfe

Adjektive erkennt man oft an ihrer Endung. Die häufigsten Endungen sind -ig, -isch, -lich, -bar, -haft, -sam, -los.

Vorbereitung

Die Lehrkraft kopiert das Spielfeld und die Würfelvorlage einmal pro Paar bzw. Gruppe. Die Schüler*innen bauen den Würfel zusammen (Tipp: Tonpapier unterkleben, damit er stabiler wird!) und einigen sich darauf, wer welche Farbe für das Spiel benutzt.

Spielverlauf

Die Person, die zuerst an der Reihe ist, würfelt und erhält eine (oder zwei) Endung(en). Sie sucht auf dem Spielplan den Wortteil eines Adjektivs, zu dem die Endung passt, und malt dieses Feld in ihrer Farbe an.

Beispiel: Lea hat die Endung „-lich" gewürfelt. Sie malt das Feld „fröh-" in ihrer Farbe an.

Dann ist die nächste Person dran. Gewonnen hat, wer am Ende die meisten Felder in seiner Farbe angemalt hat.

Hinweis

Eine Übersicht über mögliche Wörter finden Sie in den Lösungen (S. 64).

Endungen würfeln – Würfelvorlage

1. Schneide den Würfel aus.
Optional: Klebe ihn auf Tonpapier, damit er stabiler wird.
2. Knicke die Klebestreifen um und klebe den Würfel zusammen.

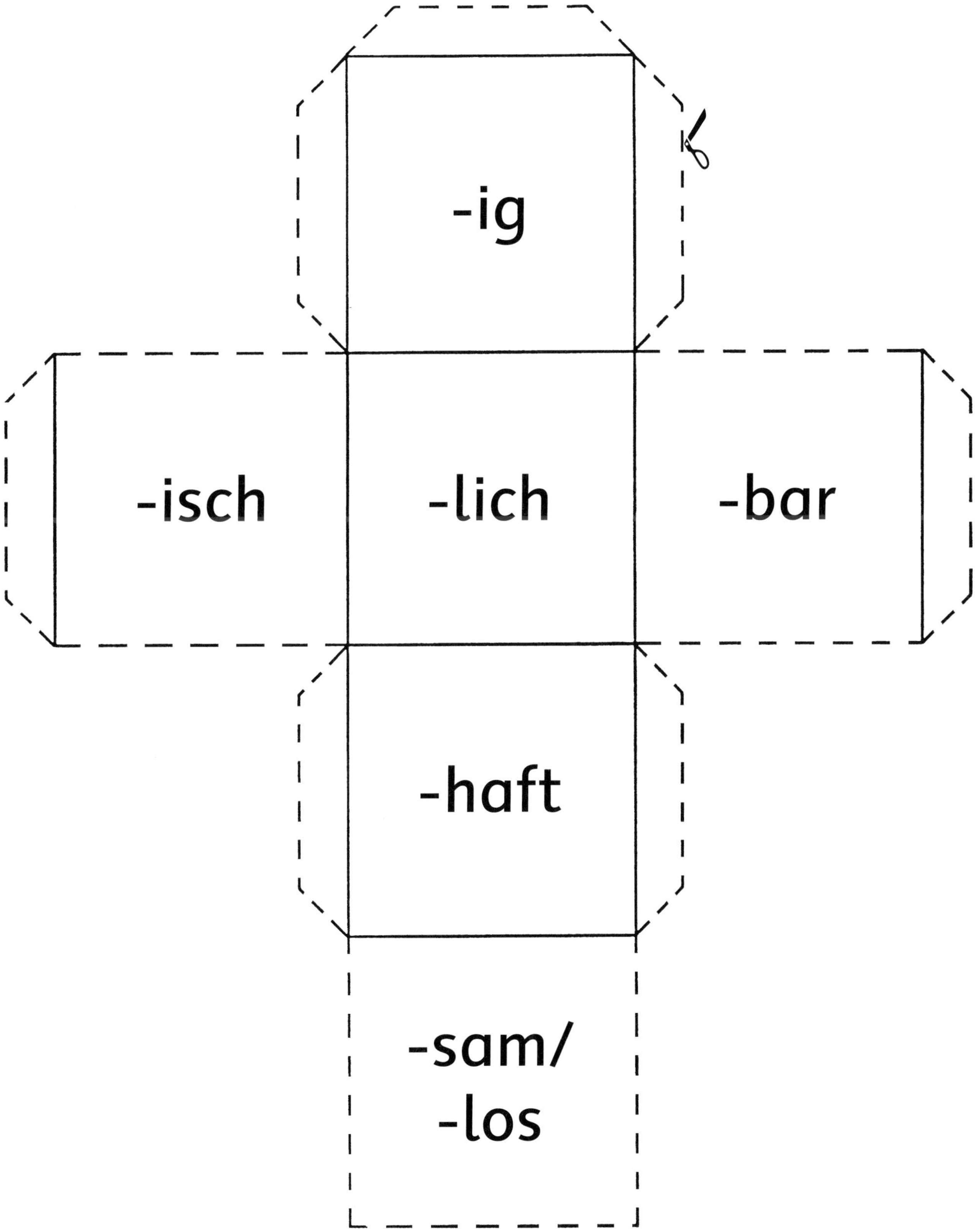

Endungen würfeln – Spielfeld

flüss-
frucht-
lächer-
egoist-
ein-
bedeut-
vermeid-
erreich-
einfühl-
gier-
niedr-
käuf-
furcht-
energ-
fröh-
witz-
humor-
geduld-
ulk-
wunder-
bos-
geschmack-
heim-
schlaf-
töd-
nöt-
lust-
schreck-
traum-
ehr-
takt-
schmack-
nied-
wähler-
lach-
mög-
lust-
tier-
höf-
typ-
männ-
natür-
sonder-
mittelmäß-
sinn-
durst-

Nomen-Adjektiv-Suche

Thema	Wortbildung
Fokussierung	Von Nomen abgeleitete Adjektive
Lernziel	Die Schüler*innen leiten Adjektive aus Nomen ab, indem sie eine passende Endung an die Nomen anhängen.
Sozialform	Gruppenarbeit (3–4 Schüler*innen pro Gruppe)
Material	Kopiervorlage *Nomen-Adjektiv-Suche* (S. 42), ggf. Laminiergerät und folien

Merkhilfe

Adjektive kann man aus Nomen bilden, indem man das Adjektiv mit einer passenden Endung anhängt. Die häufigsten Endungen sind -ig, -isch, -lich, -bar, -haft, -voll, -los.

Vorbereitung

Die Lehrkraft kopiert die Kartenvorlage *Nomen-Adjektiv-Suche* einmal für jede Gruppe, laminiert sie gegebenenfalls und schneidet die Karten auseinander.

Spielverlauf

Alle Karten werden gleichmäßig an die Schüler*innen verteilt. Diese nehmen die Karten verdeckt auf die Hand. Die Person, die beginnt, darf eine beliebige andere Person fragen, ob sie eine zur eigenen Karte passende Karte hat.

Beispiel: Munisa hat die Karte „Stein" und sucht nun die Karte „steinig". Sie fragt: „Luca, hast du die Karte ‚steinig'?"

Wenn die angesprochene Person die Karte hat, muss sie diese abgeben und das Kartenpaar wird abgelegt. Die befragte Person darf als nächste eine andere Person fragen. Gewonnen hat, wer am Ende die meisten Kartenpaare gesammelt hat.

Hinweis

Wenn es zu einem Nomen mehrere Adjektive gibt, dann darf die Person sämtliche Varianten durchfragen, die ihr einfallen.

Nomen-Adjektiv-Suche – Wortkarten

Stein	steinig	Sinn	sinnlos
Herz	herzlich	Wunder	wunderbar
Wind	windig	Glück	glücklich
Neid	neidisch	Gier	gierig
Geiz	geizig	Traum	traumhaft
Kind	kindisch	Lust	lustig
Wahnsinn	wahnsinnig	Furcht	furchtbar
Tier	tierisch	Typ	typisch
Durst	durstig	Freund	freundlich
Feind	feindlich	Mensch	menschlich

„das“ oder „dass“

Thema	Rechtschreibung
Fokussierung	Laut-Buchstaben-Zuordnung
Lernziel	Die Schüler*innen unterscheiden das Relativpronomen „das" von der Konjunktion „dass", indem sie Sätze vervollständigen und die korrekte Nebensatzeinleitung wählen.
Sozialform	Partnerarbeit
Material	Kopiervorlagen *„das" oder „dass" – Satzstreifen* (S. 44/45)

Merkhilfe

„das" schreibt man, wenn das Wort
- ein bestimmter Artikel ist (z. B.: „das Kind").
- ein Demonstrativpronomen ist (z. B.: „Hast du das gesehen?").
- ein Relativpronomen im Neutrum ist. Es ist immer Teil eines Nebensatzes (z. B.: „Das Mädchen, das du meinst, ...").

„dass" ist eine Konjunktion. Es ist immer Teil eines Nebensatzes (z. B.: „Ich kann nicht glauben, dass du das getan hast.").

Mit der Ersatzprobe kann man testen, ob man in einem Nebensatz **„dass"** oder **„das"** schreiben muss: Lässt es sich durch **„dieses"** oder **„welches"** ersetzen („Das Mädchen, welches du meinst, ..."), handelt es sich um das Relativpronomen.

Vorbereitung

Die Lehrkraft kopiert pro Schülerpaar einmal die Kopiervorlagen und schneidet die Satzstreifen aus.

Spielverlauf

Alle Satzstreifen werden verdeckt auf den Tisch gelegt. Ein*e Schüler*in zieht den ersten Satzstreifen, liest den Satzanfang vor, benennt die korrekte Schreibung („das" oder „dass") und beendet den Satz. Danach ist der*die andere Schüler*in an der Reihe, zieht einen Satzstreifen, liest den Satzstreifen vor usw. Sinnvoll ist es, die Satzstreifen beim Ablegen in „dass"- bzw. „das"-Stapel zu ordnen. Das Spiel ist zu Ende, wenn kein Satzstreifen mehr auf dem Tisch liegt. Zur Kontrolle kann die Lösung (siehe S. 64) ausgelegt werden.

Variante

Das Spiel kann auch im Sitzkreis gespielt werden. Dann bekommt jede*r Schüler*in einen Satzstreifen. Die Antworten werden reihum gegeben und im Plenum kommentiert.

„das“ oder „dass“ – Satzstreifen (1/2)

Ich mag am liebsten das Essen, **(das/dass?)** …

Im Moment denke ich, **(das/dass?)** …

Wenn ich Erfinder oder Erfinderin wäre, würde ich ein Ding erfinden, **(das/dass?)** …

An mir mag ich am wenigsten, **(das/dass?)** …

Wenn ich 1 Million Euro gewinnen würde, würde ich mir ein Haus kaufen, **(das/dass?)** …

An mir mag ich am meisten, **(das/dass?)** …

Wenn ich Politiker oder Politikerin wäre, würde ich ein Gesetz erlassen, **(das/dass?)** …

An meiner Klasse mag ich am meisten, **(das/dass?)** …

Wenn ich Schriftsteller oder Schriftstellerin wäre, würde ich ein Buch schreiben, **(das/dass?)** …

Wenn ich traurig bin, glaube ich, **(das/dass?)** …

Wenn ich glücklich bin, glaube ich, **(das/dass?)** …

Ich hätte gerne ein Kleidungsstück, **(das/dass?)** …

Ich kenne ein Geheimnis, **(das/dass?)** …

In der Schule finde ich gut, **(das/dass?)** …

„das“ oder „dass“ – Satzstreifen (2/2)

In der Schule finde ich schlecht, **(das/dass?)** …

Ich mag am wenigsten das Schulfach, **(das/dass?)** …

Ich träume davon, **(das/dass?)** …

Ich würde gerne einmal ein Auto fahren, **(das/dass?)** …

Ich wünsche mir ein Leben, **(das/dass?)** …

An mir mag ich am meisten, **(das/dass?)** …

Wenn ich erwachsen bin, möchte ich, **(das/dass?)** …

Von einer guten Fee würde ich mir wünschen, **(das/dass?)** …

Wenn ich beim Fernsehen arbeiten würde, würde ich ein Programm machen, **(das/dass?)** …

Von meinem besten Freund oder meiner besten Freundin erwarte ich, **(das/dass?)** …

Ich lese am liebsten ein Buch, **(das/dass?)** …

Wenn ich für den Test nicht geübt habe, befürchte ich, **(das/dass?)** …

Ich würde gerne einmal in einem Land leben, **(das/dass?)** …

Wenn ich alles machen könnte, was ich wollte, würde ich dafür sorgen, **(das/dass?)** …

Bewegungsspiel Satzanfang

Thema	Rechtschreibung
Fokussierung	Groß- und Kleinschreibung
Lernziel	Die Schüler*innen prägen sich mithilfe einer Bewegung die Regel zur Großschreibung von Satzanfängen ein.
Sozialform	Plenum (Sitzkreis)
Material	ggf. ein kleiner Ball

Merkhilfe

Am Anfang eines Satzes schreibt man das erste Wort groß.

Spielverlauf

Die Schüler*innen bilden einen Sitzkreis. Die erste Person nennt das erste Wort eines Satzes. Da man am Satzanfang großschreibt, steht sie auf. Die folgenden Schüler*innen verlängern den Satz reihum so lange, bis es nicht mehr geht. Dann nennt eine Person das Satzschlusszeichen. Die nächste Person beginnt einen neuen Satz und steht dabei ebenfalls auf. Das Spiel ist beendet, wenn alle Schüler*innen stehen.

Varianten

- **Variante 1**: Die Schüler*innen werfen sich einen Ball zu. So wird die Reihenfolge im Kreis aufgehoben und alle Schüler*innen müssen aufmerksam bleiben.
- **Variante 2**: Schwieriger wird das Spiel, wenn die Schüler*innen nicht nur bei Großschreibung am Satzanfang, sondern bei allen Wörtern, die großgeschrieben werden, aufstehen.

Flaschendrehen

Thema	Sätze bilden
Fokussierung	Hauptsätze
Lernziel	Die Schüler*innen üben die drei Arten von Hauptsätzen, indem sie Aussage-, Frage- und Aufforderungssätze bilden.
Sozialform	Plenum (Stuhlkreis)
Material	eine leere Glasflasche

Merkhilfe

Hauptsätze kommen in drei verschiedenen Formen vor:

- Ein **Aussagesatz** sagt, wie etwas ist oder was jemand tut, und endet mit einem Punkt.
  Beispiel: Tom gibt Rafi die Hand.
- Ein **Fragesatz** drückt eine Frage aus und endet mit einem Fragezeichen.
  Beispiel: Gibt Tom Rafi die Hand?
- Mit einem **Aufforderungssatz** wird jemand dazu aufgefordert, etwas zu tun. Dieser Satz endet mit einem Ausrufezeichen.
  Beispiel: Tom, gib Rafi die Hand!

Spielverlauf

Die Schüler*innen stellen einen Stuhlkreis auf. Die Lehrkraft legt eine Flasche in die Mitte. Die Person, die beginnt, bestimmt, ob eine Aussage über sie gemacht werden soll („Mache eine Aussage über mich!"), ihr eine Frage gestellt werden soll („Stelle mir eine Frage!") oder sie zu etwas aufgefordert werden soll („Fordere mich auf!"). Sie dreht die Flasche auf dem Boden.

Die Flasche zeigt dann auf eine zweite Person. Diese formuliert eine Aussage über Person 1, stellt ihr eine Frage oder fordert sie zu etwas auf. Person 1 antwortet oder führt aus, wozu sie aufgefordert wurde. Person 2 fährt mit dem Spiel fort, indem sie wiederum die Flasche dreht und die dadurch ausgewählte Person bittet, eine Aussage, Frage oder Forderung zu formulieren.

Beispiel:

Eleni: *„Stelle mir eine Frage!"* Die Flasche zeigt auf Hannah.

Hannah: *„Isst du lieber Pizza oder Pommes?"*

Eleni: *„Ich esse lieber Pizza."*

Hannah: *„Fordere mich zu etwas auf!"* Die Flasche zeigt auf Adrian.

Adrian: *„Hüpfe auf einem Bein und krähe wie ein Hahn."* usw.

Konjunktionen würfeln

Thema	Sätze bilden
Fokussierung	Satzgefüge
Lernziel	Die Schüler*innen bilden Satzgefüge, indem sie Nebensätze mit Hauptsätzen durch vorgegebene Konjunktionen verbinden.
Sozialform	Partner- oder Gruppenarbeit
Material	Kopiervorlage *Konjugationen würfeln* (S. 49), Schere, ggf. Tonpapier und Klebstoff

Merkhilfe

Ein Hauptsatz kann durch einen Nebensatz näher bestimmt werden. Hauptsätze und Nebensätze werden oft durch die Konjunktionen „weil", „wenn", „obwohl", „um ... zu", „indem", „sodass", „nachdem" oder „bevor" miteinander verbunden.

Vorbereitung

Die Würfelvorlage *Konjunktionen würfeln* wird für jedes Paar oder jede Gruppe kopiert. Die Schüler*innen bauen den Würfel zusammen (Tipp: Tonpapier unterkleben, damit er stabiler wird!).

Spielverlauf

Die Schüler*innen finden sich in Paaren oder Gruppen zusammen. Die erste Person formuliert einen beliebigen Satz. Der*die linke Nachbar*in würfelt eine Konjunktion und fügt an den vorgegebenen Hauptsatz einen Nebensatz mit der gewürfelten Konjunktion an.

Beispiel: Emre sagt: „Der Hund frisst sein Futter." Suri würfelt „obwohl" und sagt: „Der Hund frisst sein Futter, obwohl er keinen Hunger hat."

Hinweis

Eine gemeinsame Sicherung im Plenum kann je nach Lerngruppe sinnvoll sein. Die Schüler*innen sollten die Sätze, die sie formulieren, in diesem Fall aufschreiben, um sie später vorlesen zu können.

Konjunktionen würfeln

1. Schneide den Würfel aus.
   Optional: Klebe ihn auf Tonpapier, damit er stabiler wird.
2. Knicke die Klebestreifen um und klebe den Würfel zusammen.

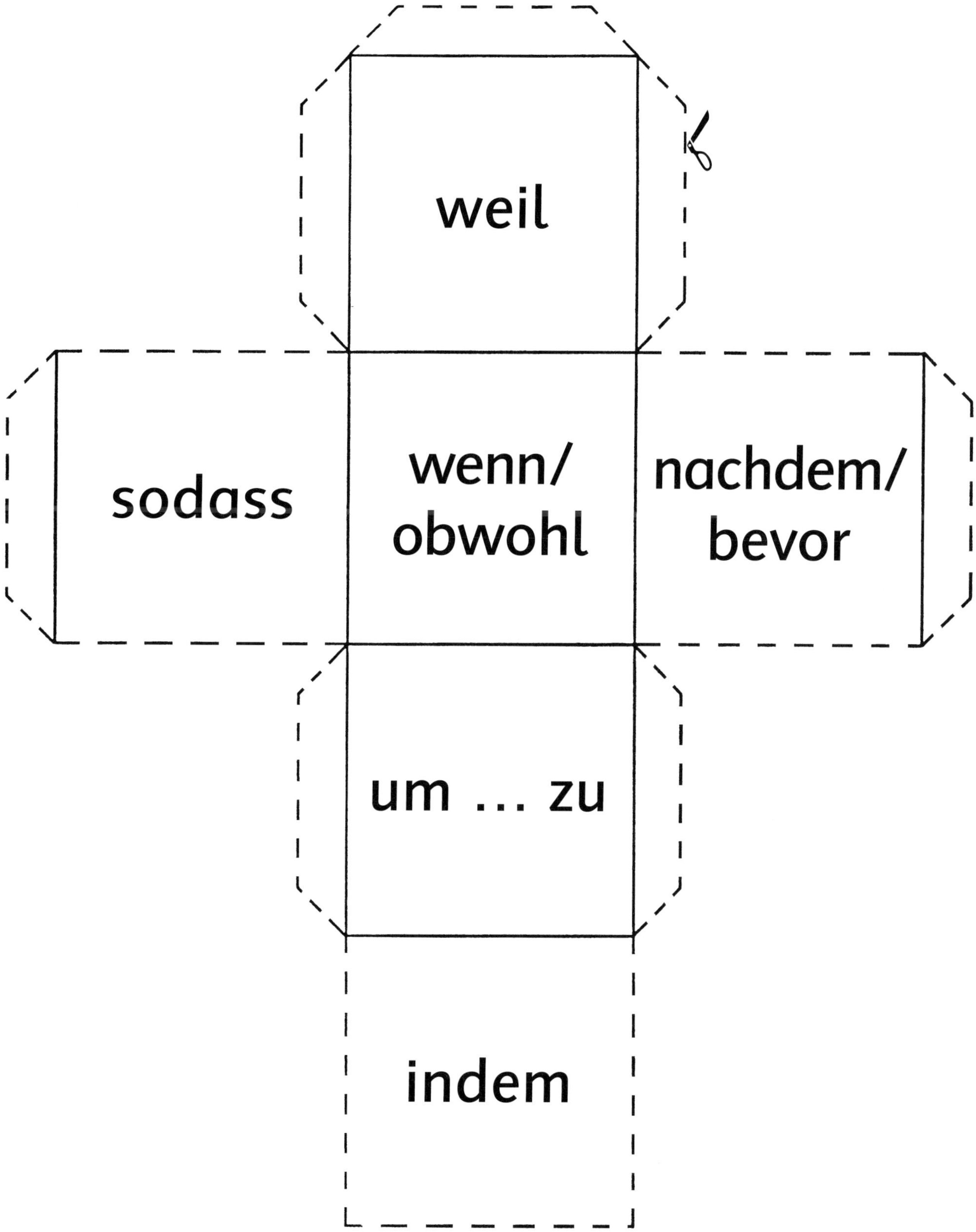

Sätze verlängern

Thema Zeichensetzung

Fokussierung Satzschlusszeichen

Lernziel Die Schüler*innen bilden Sätze und nennen für die drei Arten von Hauptsätzen die richtigen Satzschlusszeichen an der richtigen Stelle.

Sozialform Plenum (Stehkreis)

Merkhilfe

Es gibt drei Satzschlusszeichen:
- den **Punkt** (.): Er schließt Aussagesätze ab.
- das **Ausrufezeichen** (!): Es steht nach Ausrufen (z. B. „Oh!"), Wünschen oder Befehlen (z. B. „Gib mir das bitte!").
- das **Fragezeichen** (?): Es schließt Fragesätze (z. B. „Wohin gehst du?") ab oder steht nach allein stehenden Fragewörtern (z. B. „Warum?").

Vorbereitung

Die Lehrkraft schreibt an die Tafel:
Punkt (.) = Schluss.
Ausrufezeichen (!) = Ah!
Fragezeichen (?) = Was?

Spielverlauf

Alle Schüler*innen stellen sich im Kreis auf. Die erste Person bestimmt, was für ein Satz gebildet werden soll: Aussagesatz, Fragesatz oder Aufforderungssatz. Die Person links neben ihr nennt das erste Wort des Satzes. Die folgenden Schüler*innen ergänzen so lange Wörter, bis der Satz beendet ist. Kann kein Wort mehr ergänzt werden, muss eine Person das Satzschlusszeichen nennen und sich setzen. Nun beginnt das Spiel von vorn. Das Spiel geht so lange, bis nur noch eine Person steht.

Beispiel:
Kiano bestimmt: „Fragesatz." → Magdalena sagt: „Warum?" → Lotta sagt: „Warum scheint?" → Ali sagt: „Warum scheint die Sonne?"

Der*die nächste Schüler*in hat die Möglichkeit, den Satz durch Nennung des Fragezeichens zu beenden und sich hinzusetzen oder ihn durch „nicht" zu verlängern.

Varianten

- Man kann das Spiel spannender machen, indem zwei Gruppen gegeneinander spielen. Im Stehkreis stehen dann Personen aus Gruppe 1 und 2 abwechselnd nebeneinander. Wenn ein*e Schüler*in aus Gruppe 1 ein Satzschlusszeichen nennen muss, bekommt Gruppe 2 einen Punkt und umgekehrt. So versuchen beide Gruppen, die Sätze so weit wie möglich zu verlängern. Wenn ein falsches Satzzeichen genannt wird, bekommt die jeweils andere Gruppe ebenfalls einen Punkt. Die Gruppen legen abwechselnd fest, welche Satzart gebildet werden soll.
- Man kann das Spiel auch andersherum spielen: Die Person, die am Ende noch steht, hat verloren. Die Schüler*innen müssen dann versuchen, möglichst kurze Sätze zu bilden.

Verlängern, Ableiten, Verwandte suchen

Thema Rechtschreibstrategien anwenden

Lernziel Um zu entscheiden, wie ein Wort geschrieben wird, wenden die Schüler*innen die Strategien „Verlängern", „Ableiten" und „Verwandte suchen" an.

Sozialform Partner- oder Gruppenarbeit

Material Kopiervorlage *Verlängern, Ableiten, Verwandte suchen – Wortkarten* (S. 53), Schere, Klebstoff, ggf. Laminiergerät und -folien

Merkhilfe

Wenn du nicht weißt, wie ein Wort geschrieben wird, hilft dir oft eine dieser Strategie weiter:

1. Verlängern:
Durch Verlängern eines Wortes kannst du hören, welcher Konsonant am Wortende steht.
→ z. B.: „Der Ber**g**" wird zu „die Ber**ge**".

2. Ableiten:
Durch die Frage: „Woher kommt das Wort?" kannst du seine Schreibweise herausfinden.
→ z. B.: „Die B**äu**me" kommt von „der B**au**m".

3. „Verwandte suchen":
Indem du verwandte Wörter suchst, kannst du die Schreibweise eines Wortes herausfinden.
→ z. B.: Zu „**ä**ngstlich" gibt es als verwandtes Wort „die **A**ngst".

Vorbereitung

Die Lehrkraft kopiert pro Spielgruppe einen Satz Karten, schneidet sie aus und klebt die Vorder- und Rückseiten der Karten zusammen (Achtung: Je zwei Karten gehören zusammen; die durchgezogene Linie nicht durchschneiden!). Bei Bedarf können die Karten auf DIN-A3-Format vergrößert und/oder laminiert werden.

Spielverlauf

Alle Karten werden mit der „?-Seite" nach oben auf dem Tisch verteilt. Die Person, die beginnt, sucht sich eine Karte aus und nennt den Buchstaben, der in der Lücke stehen muss. Sie erklärt, mit welcher Strategie sie die richtige Schreibweise herausgefunden hat. Anschließend überprüft sie das Ergebnis, indem sie die Karte umdreht. War die Antwort richtig, darf sie die Karte behalten.

Verlängern, Ableiten, Verwandte suchen

War die Antwort falsch, bleibt die Karte auf dem Tisch liegen. Nun ist die nächste Person an der Reihe. Das Spiel ist beendet, wenn keine Karte mehr auf dem Tisch liegt.

Hinweis

Die Lehrkraft kann den Kartensatz um eigene Beispiele erweitern, um häufige Fehler aus dem Unterricht aufzugreifen. Hierfür finden Sie am Ende der Seite Blanko-Karten.

Varianten

- **Variante 1**: Die Karten werden nicht auf dem Tisch verteilt, sondern gestapelt. So kann man sich nicht die einfachste Karte aussuchen. Können der richtige Buchstabe oder die richtige Strategie nicht genannt werden, kommt die Karte zurück in den Stapel. Durch das erneute Auftauchen der Karte entsteht ein zusätzlicher Lerneffekt.
- **Variante 2**: Wenn die Schüler*innen vor dem Aussuchen einer Karte würfeln und die gewürfelte Augenzahl als die in dieser Runde zu erreichende Punktzahl nehmen, wird das Spiel spannender, weil es zum Schluss eine*n Gewinner*in gibt (die Person mit der höchsten Punktzahl).

?		?	
?		?	
?		?	

Verlängern, Ableiten, Verwandte suchen – Wortkarten

? er fän__t (g/k)	er fängt (fangen) **ableiten**	? die Han__ (d/t)	die Hand (die Hände) **verlängern**
? das Gep__ck (ä/e)	das Gepäck (packen) **verwandtes Wort**	? der Hu__ (d/t)	der Hut (die Hüte) **verlängern**
? das Gol__ (d/t)	das Gold (golden) **verwandtes Wort**	? er hän__t das Bild auf (g/k)	er hängt (hängen) **ableiten**
? der Mon__ (d/t)	der Mond (die Monde) **verlängern**	? es stin__t (g/k)	es stinkt (stinken) **ableiten**
? das Gel__chter (ä/e)	das Gelächter (lachen) **verwandtes Wort**	? sie fan__ es gut (d/t)	sie fand (finden) **ableiten**
? das Zel__ (d/t)	das Zelt (zelten/die Zelte) **verwandtes Wort/verlängern**	? der Elefan__ (d/t)	der Elefant (die Elefanten) **verlängern**
? die L__nge (ä/e)	die Länge (lang) **verwandtes Wort**	? kr__ftig (ä/e)	kräftig (die Kraft) **verwandtes Wort**

Merkwörter-Pärchenspiel

Thema Ausnahmen und Merkwörter

Lernziel Die Schüler*innen prägen sich Wörter ein, deren Schreibung von der Regel abweicht oder deren Schreibung man nicht ableiten kann.

Sozialform Partner- oder Kleingruppenarbeit

Material Kopiervorlage *Merkwörter-Pärchenspiel – Wortkarten* (S. 55), Schere, ggf. Laminiergerät und -folien

Merkhilfe

Es gibt Wörter, deren Schreibung von der Regel abweicht oder deren Schreibung du dir nicht ableiten kannst:

- Bei Wörtern, die auf „**-in**", „**-ine**" enden, und anderen Wörtern, wie „T**i**ger" oder „N**i**lpferd", hört man ein langes „i", man schreibt aber nur ein normales „i" und kein „**ie**".
- Bei Wörtern mit „a**b**" und anderen Wörtern, wie „Er**b**se" oder „hü**b**sch", gibt es keine Strategie, mit der du die richtige Schreibweise herausfinden kannst.
- Bei Wörtern, in denen ein Vokal (= a, e, i, o, u) lang gesprochen wird, kommt oft ein **Dehnungs-h** nach dem Vokal. Oft steht das „h" vor „l", „m", „n" oder „r", wie bei „la**h**m" oder „Hu**h**n".

Vorbereitung

Die Lehrkraft kopiert pro Spielgruppe einen Satz Wortkarten und schneidet sie aus. Bei Bedarf können die Karten auf DIN-A3-Format vergrößert und/oder laminiert werden.

Spielverlauf

Alle Karten werden verdeckt auf den Tisch gelegt. Die Person, die beginnt, dreht zwei Karten um. Befinden sich auf den Karten die gleichen Wörter, darf sie diese behalten und ist noch einmal an der Reihe. Deckt sie unterschiedliche Wörter auf, werden diese/die Karten wieder umgedreht und die nächste Person ist an der Reihe. Das Spiel ist zu Ende, wenn keine Karten mehr auf dem Tisch liegen. Gewonnen hat, wer die meisten Karten gesammelt hat.

Hinweise

- Der Lerneffekt entsteht dadurch, dass die Schüler*innen die Schreibweise möglichst oft sehen und sich diese so automatisch einprägen.
- Die Schüler*innen können sich eigene Wortkarten für individuelle Merkwörter (Wörter, die sie häufig falsch schreiben) erstellen.
- Die Lehrkraft kann ebenfalls Wörter ergänzen, die sie im Unterricht als häufige Fehlerquellen identifiziert hat.

Merkwörter-Pärchenspiel – Wortkarten

Masch**i**ne	Masch**i**ne	Apfels**i**ne	Apfels**i**ne	Mus**i**k
Mus**i**k	Vitam**i**n	Vitam**i**n	w**i**r	w**i**r
Law**i**ne	Law**i**ne	Mediz**i**n	Mediz**i**n	Term**i**n
Term**i**n	N**i**l	N**i**l	Krokod**i**l	Krokod**i**l
T**i**ger	T**i**ger	Absch**ie**d	Absch**ie**d	A**b**fall
A**b**fall	O**b**st	O**b**st	Er**b**se	Er**b**se
hü**b**sch	hü**b**sch	Za**h**l	Za**h**l	Bo**h**ne
Bo**h**ne				

Umlaut-Spürnasen

Thema Umlautableitung

Lernziel Die Schüler*innen üben die Umlautableitung ein, indem sie verwandte Wörter identifizieren.

Sozialform Partner- oder Kleingruppenarbeit

Material Kopiervorlagen *Umlautspürnasen – Wortkarten* (S. 57/58), Schere, ggf. Laminiergerät und -folien

Merkhilfe

Im Deutschen schreibt man Wörter mit dem kurzen Laut „e" mit „ä", wenn es zu dem Wort ein verwandtes Wort mit „a" gibt. (z. B.: „ärmer" → „arm", „behände" → „Hand", „Stängel" → „Stange")

Folgende Wörter sind Merkwörter, denn ihre Schreibung kann nicht von verwandten Wörtern abgeleitet werden.
Wörter mit „ä": ätzen, dämmen, sägen, Geländer, Lärm, März, Ähre, Bär
Wörter mit „e": Eltern (trotz: „alt"), schwenken (trotz: „schwanken")

Vorbereitung

Die Lehrkraft kopiert pro Spielgruppe einmal den Spielkartensatz und schneidet die Spielkarten aus. Die Kopiervorlagen werden nach Möglichkeit auf DIN-A3-Format vergrößert. Bei Bedarf können die Karten laminiert werden.

Spielverlauf

Wird zu zweit gespielt, bekommt jede*r Schüler*in acht Karten; beim Spielen in Gruppen von drei oder mehr Schüler*innen werden pro Person sechs Karten verteilt. Die restlichen Karten werden verdeckt auf einen Stapel gelegt. Die Person, die beginnt, zieht eine Karte. Sie schaut, ob sie mit dieser und einer ihrer anderen Karten ein Paar bilden kann.

Zu einem Paar gehören immer ein Wort mit Umlaut (z. B.: „Bäuche") und ein dazu passendes verwandtes Wort mit „a" (z. B.: „Bauch"). Wenn die erste Person ein Paar bilden konnte, legt sie es zur Seite, wenn nicht, nimmt sie die eben gezogene Karte auf die Hand. Nun zieht der*die zweite Schüler*in eine Karte.

Gibt es keine Karten mehr auf dem Stapel, ziehen die Schüler*innen gegenseitig bei den Mitspielenden eine Karte (bei drei und mehr Mitspielenden von der Person rechts neben sich). Gewonnen hat die Person, die zuerst keine Karten mehr auf der Hand hat.

Umlaut-Spürnasen – Wortkarten (1/2)

der Bauch	die Bäuche	das Haus	die Häuser
die Blässe	blass	der Baum	die Bäume
das Rätsel	raten	der Träger	tragen
der Schläger	schlagen	der Ball	die Bälle
der Traum	die Träume	gefährlich	die Gefahr
der Schlauch	die Schläuche	der Hahn	die Hähne
jämmerlich	der Jammer	quälen	die Qual

Umlaut-Spürnasen – Wortkarten (2/2)

die Kälte	kalt	das Gelände	das Land
schnäuzen	die Schnauze	beäugen	das Auge
das Geräusch	rauschen	die Mäuler	das Maul
die Mäuse	die Maus	die Brände	der Brand
das Häschen	der Hase	der Säugling	saugen
das Gebäude	bauen	das Gebäck	backen
wählen	die Wahl	die Männer	der Mann

S-Laute

Thema	Laut-Buchstaben-Zuordnung
Lernziel	Die Schüler*innen ordnen Lauten Buchstaben zu, indem sie Wörter mit den verschiedenen s-Lauten sammeln und in korrekter Rechtschreibung aufschreiben.
Sozialform	Kleingruppenarbeit
Material	Kopiervorlage *S-Laute – Placemat* (S. 60), Klingel/Rassel o. Ä.

Merkhilfe

Im Deutschen können s-Laute „s", „ß" oder „ss" geschrieben werden:

- **„s"** kann am Wortanfang (z. B.: „singen"), im Wortinneren (z. B.: „Rose") oder am Wortende (z. B.: „Kreis") stehen.
- **„ß"** kennzeichnet lange Vokale (z. B.: „Straße") und Doppellaute (z. B.: „Fleiß") und steht nie am Wortanfang.
- **„ss"** kennzeichnet kurze Vokale (z. B.: „Kasse" oder „Kuss") und steht nie am Wortanfang.

Vorbereitung

Die Lehrkraft kopiert die Placemat-Kopiervorlage 5-mal. Nach Möglichkeit sollte die Vorlage auf DIN-A3-Format vergrößert werden. In jede Vorlage trägt sie in die Mitte einen Vokal ein. Sie verteilt die Vorlagen an fünf Stationen im Raum. Die Schüler*innen werden ebenfalls in fünf Gruppen eingeteilt.

Spielverlauf

Die Gruppen beginnen jeweils an einer Station. Sie suchen möglichst viele Wörter, die nach dem in der Mitte stehenden Vokal einen s-Laut haben, und schreiben diese in das entsprechende Feld auf der Placemat-Vorlage. Nach zwei Minuten gibt die Lehrkraft ein akustisches Signal (beispielsweise mit einer Klingel) zum Wechseln.

Die Gruppen gehen zur nächsten Station und ergänzen die Placemat-Vorlagen. Am Ende werden die Placemat-Vorlagen an die Tafel gehängt und es wird gemeinsam überprüft, ob alle Wörter richtig geschrieben wurden.

Hinweise

Wenn die Gruppen verschiedene Farben benutzen, kann man bei der Sicherung an der Tafel nachvollziehen, welche Gruppe wie viele Wörter gefunden hat und ob bestimmte Gruppen mehr Schwierigkeiten hatten als andere. Hierdurch kann die Methode Wettbewerbscharakter erlangen.

S-Laute – Placemat

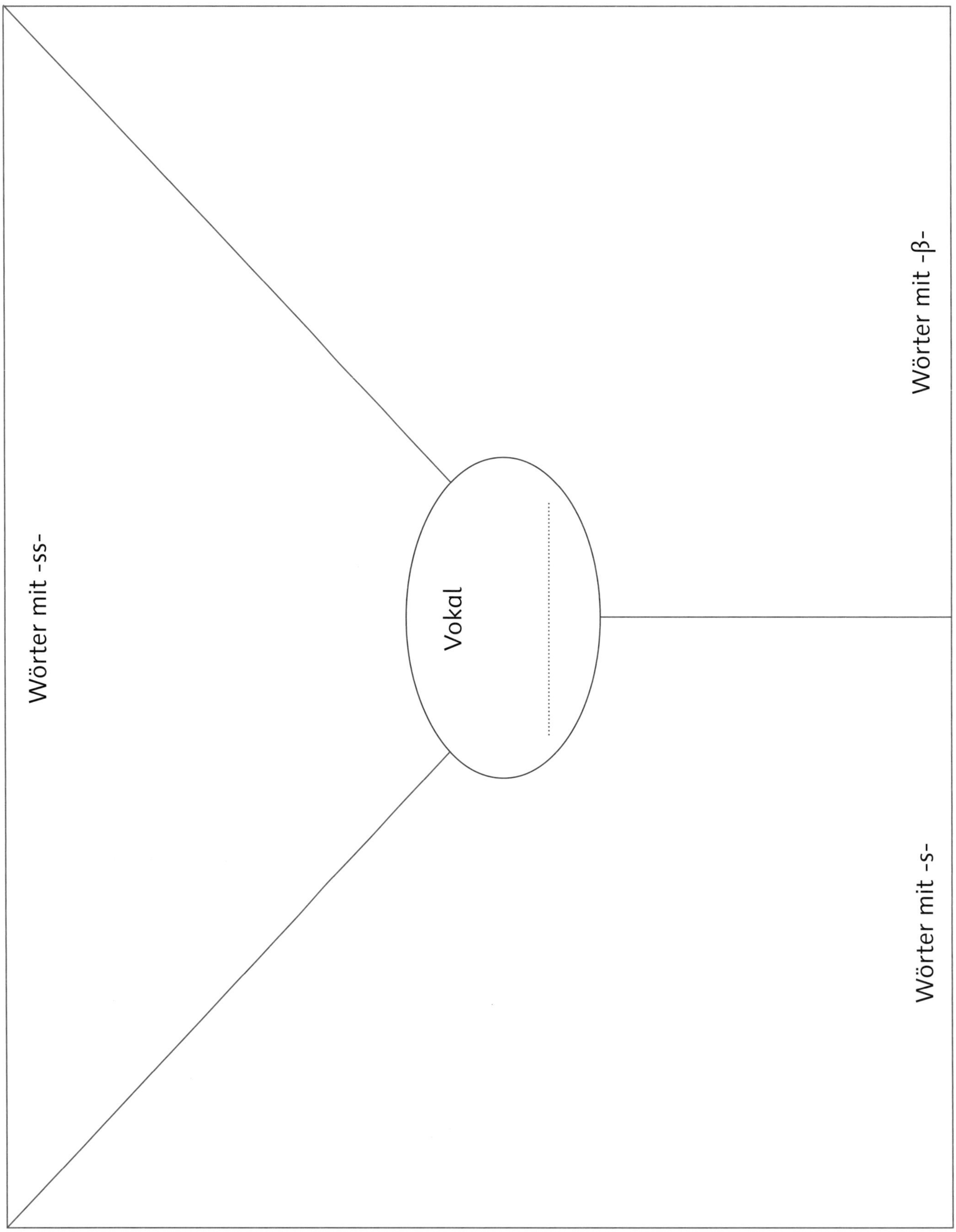

Gruppen finden

Thema Silbentrennung

Lernziel Die Schüler*innen lernen die Silbentrennung kennen, indem sie aus getrennten Silben Wörter zusammensetzen.

Sozialform Plenum

Material Kopiervorlage *Gruppen finden – Silbenkarten* (S. 62), Schere

Merkhilfe

Wörter können in Einzelteile, sogenannte **Silben**, zerlegt werden. Eine Silbe besteht aus einem Vokal, Doppellaut oder Umlaut und einem oder mehreren Konsonanten.

Vorbereitung

Die Lehrkraft kopiert die Kopiervorlage und schneidet so viele Karten aus, wie es Schüler*innen in der Lerngruppe gibt:

- Für eine Schüleranzahl, die durch 3 teilbar ist (d.h. 15, 18, 21 ...), werden nur ganze Reihen ausgeschnitten.
- Für eine Schüleranzahl, die durch 3 Rest 1 teilbar ist (d.h. 16, 19, 22 ...), werden ganze Reihen und die Joker-Karte ausgeschnitten. Die Person mit der Joker-Karte kann versuchen, eine Gruppe zu finden, zu der eine vierte Silbe passen würde (z.B.: „Schein-wer-fer-licht", „Ted-dy-bär-chen", „Sa-la-mi-brot").
- Für eine Schüleranzahl, die durch 3 Rest 2 teilbar ist (d.h. 17, 20, 23 ...), werden ganze Reihen und das 2er-Paar (Hai-fisch) ausgeschnitten.

Spielverlauf

Die Lehrkraft verteilt an jede*n Schüler*in eine Karte, auf der eine Silbe steht. Nach dem Startsignal laufen die Schüler*innen in der Klasse herum und finden ihre Partner*innen, indem sie gemeinsam ein Wort bilden. Haben sich die 3er-Gruppen gefunden, setzen sich die Schüler*innen an einen gemeinsamen Platz. Die Wörter sind eindeutig gewählt, sodass es nicht zu Überschneidungen kommen kann. Das Spiel ist beendet, wenn alle Schüler*innen sitzen. Dann lesen die Gruppen nacheinander ihre Wörter vor.

Variante

Die Lehrkraft kann vier bis fünf Kleingruppen bilden, für diese Gruppen jeweils alle Silbenkarten vorbereiten und diese in einen Briefumschlag stecken. Nach dem Startsignal ordnen die Kleingruppen die Silben. Die Kleingruppe, die zuerst alle Wörter gebildet hat, hat gewonnen.

Hinweis

Um die Aufgabe für eine schwächere Gruppe zu vereinfachen, kann die Lehrkraft vor dem Auseinanderschneiden der Karten jede Spalte in einer anderen Farbe anmalen. So haben die Schüler*innen einen Anhaltspunkt, an welcher Stelle im Wort sich die Silbe befindet.

Gruppen finden – Silbenkarten

Ba	na	ne
Ho	sen	bein
Ha	sel	nuss
Flug	ha	fen
Schein	wer	fer
Ge	mü	se
To	ma	te
Au	gen	lid
Ted	dy	bär
Tee	la	den
Sa	la	mi
Hai	fisch	JOKER

Lösungen

S. 25: Teekesselchen – Zuordnungsspiel

- bestimmte Hunderasse
  sportlicher Mensch, der in einem Ring kämpft
  → **Boxer**
- Brötchen, das mit einer Frikadelle belegt ist
  Bewohner einer norddeutschen Großstadt
  → **Hamburger**
- Bewohner der Hauptstadt von Österreich
  Würstchensorte
  → **Wiener**
- Elternteil
  Teil einer Schraube
  → **Mutter**
- Gebäck, das mit weißem Zuckerguss oder Schokolade überzogen ist
  Bewohner eines bestimmten Kontinents
  → **Amerikaner**
- Computerzubehör
  kleines Tier, das häufig von Katzen gefressen wird
  → **Maus**
- Teil des Waschbeckens
  männliches Huhn
  → **Hahn**
- kugelförmiges Spiel- und Sportgerät
  Veranstaltung, bei der getanzt wird
  → **Ball**
- kleines Pferd
  Teil einer Frisur
  → **Pony**
- Klebstoffmarke
  Eulenart
  → **Uhu**
- Bewohner der deutschen Hauptstadt
  mit Marmelade gefüllter Krapfen
  → **Berliner**
- als Schleife gebundene Krawatte
  Insekt, das oft im Haus fliegt
  → **Fliege**

S. 26: Besondere Endungen

-heit:	Eigenheit, Gesundheit, Krankheit, Reinheit, Trübheit
-keit:	Einsamkeit, Fröhlichkeit, Sparsamkeit
-nis:	Ersparnis, Trübnis, Verständnis, Wagnis
-ung:	Behinderung, Bemühung, Erfindung, Erkrankung, Ersparung, Gesundung, Meisterung, Reinigung, Schickung, Trübung, Verbesserung, Vereinsamung, Wohnung
-schaft:	Eigenschaft, Leidenschaft, Liebschaft, Meisterschaft
-tum:	Eigentum, Heldentum, Reichtum
-sal:	Mühsal, Schicksal, Trübsal
-ling:	Fiesling, Findling, Liebling

Lösungen

S. 38: Endungen würfeln

-ig:	durst-, ein-, flüss-, frucht-, geduld-, gier-, humor-, lust-, mittelmäß-, niedr-, nöt-, sinn-, ulk-, witz-
-isch:	egoist-, energ-, heim-, höf-, takt-, tier-, typ-, wähler-
-lich:	ehr-, fröh-, geschmack-, heim-, höf-, käuf-, lächer-, männ-, mög-, natür-, nied-, schreck-, sinn-, töd-, vermeid-, wunder-
-bar:	ehr-, erreich-, frucht-, furcht-, sonder-, vermeid-, wunder-
-haft:	bos-, lach-, schmack-, schreck-, sinn-, tier-, traum-
-sam:	bedeut-, ein-, einfühl-, furcht-, wunder-
-los:	frucht-, furcht-, geschmack-, humor-, lust-, schlaf-, sinn-, takt-, traum-, witz-

S. 43: „das“ oder „dass“

- Ich mag am liebsten das Essen, das …
- Im Moment denke ich, dass …
- Wenn ich Erfinder oder Erfinderin wäre, würde ich ein Ding erfinden, das …
- An mir mag ich am wenigsten, dass …
- Wenn ich 1 Million Euro gewinnen würde, würde ich mir ein Haus kaufen, das …
- An mir mag ich am meisten, dass …
- Wenn ich Politiker oder Politikerin wäre, würde ich ein Gesetz erlassen, das …
- An meiner Klasse mag ich am meisten, dass …
- Wenn ich Schriftsteller oder Schriftstellerin wäre, würde ich ein Buch schreiben, das …
- Wenn ich traurig bin, glaube ich, dass …
- Wenn ich glücklich bin, glaube ich, dass …
- Ich hätte gerne ein Kleidungsstück, das …
- Ich kenne ein Geheimnis, das …
- In der Schule finde ich gut, dass …
- In der Schule finde ich schlecht, dass …
- Ich mag am wenigsten das Schulfach, das …
- Ich träume davon, dass …
- Ich würde gerne einmal ein Auto fahren, das …
- Ich wünsche mir ein Leben, das …
- Wenn ich erwachsen bin, möchte ich, dass …
- Von einer guten Fee würde ich mir wünschen, dass …
- Wenn ich beim Fernsehen arbeiten würde, würde ich ein Programm machen, das …
- Von meinem besten Freund oder meiner besten Freundin erwarte ich, dass …
- Ich lese am liebsten ein Buch, das …
- Wenn ich für den Test nicht geübt habe, befürchte ich, dass …
- Ich würde gerne einmal in einem Land leben, das …
- Wenn ich alles machen könnte, was ich wollte, würde ich dafür sorgen, dass …